Textes et recettes : Emmanuelle ANDRIEU.
Photographies et stylisme : SAEP/Jean-Luc SYREN et Valérie WALTER.
Préparation des plats : SAEP/Jean-François CAMPAGNE.
Graphisme : Valérie RENAUD.
Coordination : SAEP/Éric ZIPPER.
Composition et photogravure : SAEP/Arts Graphiques.
Impression : Union Européenne.

Merci à PATISSE France pour sa participation.

Conception : SAEP Création – 68040 INGERSHEIM – COLMAR

fait maison

Cercles

sans chichi...

Emmanuelle Andrieu

eaep

Introduction

Nous nous accordons tous à penser que la présentation est essentielle à la qualité d'un plat. L'idéal étant d'obtenir un visuel aussi joli qu'au restaurant. Nous sommes toujours en quête d'une nouvelle idée, d'un nouveau gadget...

Comme pour tout le monde, les verrines, les cocottes et autres miniatures sont entrées dans ma cuisine. Mais voilà, maintenant, je ressens le besoin de passer à autre chose. Alors, comme les professionnels, je me suis mise à cuisiner et à présenter mes plats en utilisant des cercles à pâtisserie.

Pas de panique, rien de bien compliqué ! Et ils représentent un véritable atout afin d'obtenir un dressage digne d'un grand restaurant. N'ayons pas peur de le dire, je suis assez fière de moi quand je sers mes assiettes.

Les cercles à pâtisserie sont constitués d'acier inoxydable. Ils peuvent donc passer au four et au lave-vaisselle. Vous pouvez en trouver sans soudure pour faciliter le démoulage. D'autres sont réglables en taille.

Cette présentation apportera un côté très raffiné à vos plats.

Leur utilisation habituelle

Le principe est très simple. Il vous suffit de superposer différentes couches de divers ingrédients. Puis démoulez, en vous aidant si cela se révèle nécessaire d'un poussoir. Les montages sont rapides et faciles, et la présentation finale est parfaite.
Pour réaliser des amuse-bouches, en allant des entrées jusqu'aux desserts, ces cercles vous permettent de constituer des bouchées individuelles qui raviront les yeux de vos convives.

Vous pouvez ainsi vous amuser à mélanger les textures et les couleurs.
Les recettes qui vont suivre dans cet ouvrage n'ont rien de compliqué. La raison essentielle étant que je suis une fervente de la cuisine rapide. Attention, il n'est pas question de passer sur le plaisir des saveurs ! Mais je trouve particulièrement satisfaisant de me dire que je n'ai passé que 30 minutes devant mes casseroles et que le résultat n'est pas des moindres.

En règle générale, constituez vos montages d'une première couche disons plus compacte que les autres. Cela vous assurera une meilleure tenue de vos compositions. Il peut être question de génoise, de biscuit, de brioche… Nous ferons toutefois des exceptions avec les purées, les gratins, les crumbles, les salades, les tartares… Les produits employés peuvent se mettre directement dans le cercle. Néanmoins, il ne faut pas qu'ils soient trop liquides.
D'un point de vue gustatif, essayez de mélanger les textures (fondante, croustillante, moelleuse…). Cette présentation offre une qualité visuelle, d'où l'intérêt de mélanger les ingrédients et leurs formes pour obtenir un résultat probant.
Adaptez la taille de vos cercles à pâtisserie en fonction du type de plat (amuse-bouche, entrées, desserts…). Plus vous souhaitez des couches fines, plus le diamètre de vos cercles doit être grand. Étalez vos compositions jusqu'aux bords et de la façon la plus régulière possible. Lors du démoulage, les couches seront ainsi bien visibles et nettes.

Les différentes formes

Le choix est très grand quant aux formes et aux tailles.

- Les cercles sont les plus classiques. On trouve des diamètres de 5 cm, 6 cm, 7 cm, 8 cm, 9 cm, 10 cm. La hauteur est en général de 4,5 cm. On en trouve aussi de 5,5 cm et de 9 cm. Les grands modèles sont le plus souvent modulables en taille. Sinon il existe des cercles de 24 cm, 28 cm ou encore 30 cm de diamètre.
- Les carrés donnent un côté très « classe » aux gratins, aux mousses et aux gâteaux. Il existe des structures de 5 cm, 6 cm, 7 cm, 8 cm de côté ; et, bien entendu, des grandes tailles.
- Les rectangles offrent beaucoup d'allure à une tarte, à une glace… De la même façon, les tailles et les hauteurs vous apportent beaucoup de choix.

Ces trois formes sont les plus courantes. Mais il existe aussi des formes bien plus recherchées : goutte, étoile, triangle, ovale, losange... On trouve aussi des grands modèles pour la confection de plats plus familiaux.

Les petits plus

Les cercles à pâtisserie peuvent être vendus avec ou sans poussoir. Pas de souci ! Vous pouvez dans ce cas l'acheter à l'unité. Il vous permettra de maintenir la préparation lorsque vous ôterez le cercle. On en trouve aussi pour les formes carrées, et certains modèles s'adaptent à toutes les formes.
Vous pourrez par ailleurs trouver, sur le net et dans des boutiques spécialisées, des bandes pour chemiser l'intérieur des cercles. Ces bandes sont lavables et donc réutilisables. Elles apportent l'avantage d'un travail soigné lors du démoulage.
Certains cercles à pâtisserie sont vendus avec des fonds amovibles.

Où les trouver ?

Les cercles à pâtisserie sont vendus en lot ou à l'unité. On les trouve pratiquement partout, que ce soit en grande surface ou en boutique spécialisée dans l'art de la table. Vous pouvez aussi consulter Internet, qui offre un grand éventail de choix. J'ai même réussi à en trouver dans des magasins discount.

Astuces

1. Lors du démoulage de vos desserts

On parle ici de préparation glacée ou de crème. Passez la flamme d'un chalumeau de cuisine sur le contour de votre cercle pour démouler sans abîmer le montage. En version plus simple, il vous est possible de le chauffer en frottant avec un chiffon.

Si, toutefois, le démoulage n'est pas une réussite, ne paniquez pas ! Il vous suffit de passer une spatule tout autour délicatement, pour lisser les pourtours de votre dessert.

Cas extrême, recouvrez les côtés de copeaux de chocolat ou de fruits secs concassés assez fins.

Dans l'idéal, pour éviter tout scénario catastrophe, pensez à filmer vos cercles avant le montage.

2. Pour cuire un gâteau dans un cercle

Je cuis aussi des gâteaux dans les cercles (muffins, moelleux...). Dans ce cas, vous allez certainement constater que la garniture s'échappe un peu sur le fond. Mais cela n'a rien de grave. Dès que la pâte aura une dizaine de minutes de cuisson, il n'y aura plus de souci.

Pour éviter ce type de problème, chemisez le fond de vos cercles avec du papier cuisson. Prenez toujours un papier de diamètre supérieur au cercle utilisé. Le but étant qu'il remonte sur les côtés.

Autre petite chose, garnissez vos cercles en vue d'une cuisson, jusqu'à la moitié au maximum. Sinon cela va déborder.

Enfoncez la pointe d'un couteau au cœur du gâteau pour savoir s'il est cuit. Elle doit ressortir propre.

3. Pour le montage avec des purées, crèmes, céréales...

C'est dans ces moments-là que vous avez besoin du poussoir. Dans un premier temps, il va vous permettre de presser vos montages. Restez tout de même délicat. L'objectif est d'obtenir un résultat dense qui, par conséquent, se tiendra au démoulage. Mais les couches ne doivent pas se mélanger.

Dans un second temps, vous allez maintenir le montage avec le poussoir pour pouvoir ôter le cercle.

4. Pour le montage de légumes, viandes, chantilly...

Dans ce cas, le poussoir n'est pas utile. Je dirais même qu'il n'est pas recommandé. Vous prenez le risque d'écraser la chantilly et donc de perdre en volume ainsi qu'en légèreté sur votre présentation. Les légumes et les viandes risquent de s'écraser. Le résultat ne serait pas très esthétique.

5. Petits pains et brioches

Je me suis rendu compte que les cercles de pâtisserie étaient très pratiques pour cuire des pains (aux céréales, complet, d'épeautre…). Ils vous donnent la possibilité de confectionner des portions individuelles. Il en est de même pour les brioches, les pains au lait…

Pensez toujours à fariner vos cercles et la plaque sur laquelle vous les placez.

Petite nouveauté

On peut trouver depuis peu de temps des cercles que l'on pourrait qualifier de révolutionnaires. Ils sont antiadhésifs. Constitués de fibres de verre, ils supportent une chaleur allant jusqu'à 260 °C. Vous pourrez aussi les passer au lave-vaisselle et au micro-ondes.

Matériel à avoir chez soi

- Un siphon : je vous l'accorde, son prix n'est pas des moindres. Toutefois, cet appareil est fabuleux pour garnir les cercles de chantilly au parfum de votre choix (chocolat, caramel, framboise, cannelle…). Mais aussi pour des plats salés (avocat, curry, parmesan…) qui devraient vous ravir.

Son utilisation n'est pas si compliquée. Versez votre préparation, refermez et vissez 1 ou 2 cartouches selon la taille de votre siphon. Vous devez entendre le gaz se libérer. Secouez énergiquement et réservez au frais au moins 3 heures.

- Une grande palette : un ustensile des plus important pour transférer vos cercles sur les assiettes.

- Une spatule : indispensable pour lisser le dessus de vos préparations, elle peut se trouver de différentes formes et tailles. Celle que je possède est en inox, coudée. Mais il en existe en bois et en silicone, coudée ou non…

- Emporte-pièce : il aide à la découpe de la pâte pour garnir les fonds des cercles à pâtisserie.

- Une poche à douille : je n'en suis pas une grande inconditionnelle. Avec une certaine appréhension à cause de sa difficulté d'utilisation, je suis allée courageusement en acheter une. Les premières expériences furent, disons-le, comiques. Le résultat n'avait rien de très réjouissant. Mais, après bien des déboires, je dois le confesser, j'en suis devenue une adepte. Non pas que je l'utilise à tout va : les petites cuillères sont pour ma part une excellente alternative. Toutefois, si je cherche à « me la jouer » grand chef, il n'y a pas mieux. Il est vrai que tous les montages prennent alors une allure absolument sublime. Cela en vaut la peine !

- Chalumeau de cuisine : un de petite taille suffira. On en trouve de plus en plus facilement et à des prix tout à fait corrects. Il vous permettra de démouler sans aucun souci. Mais il vous apportera aussi son aide pour caraméliser une tarte au citron, dorer une pomme meringuée…

- Un robot culinaire : je ne pourrais pas vivre sans. Je reconnais qu'il constitue à lui tout seul un sacré budget. Mais il est performant, durable et très beau dans ma cuisine. Et puis, surtout, il se fatigue à ma place !

- La mandoline : cet appareil est idéal pour la découpe des légumes et des fruits. Vous allez pouvoir en un temps record confectionner une julienne, un râpé, des chips…

L'épaisseur est réglable. Petit avertissement : faites très attention à vos doigts. Je parle en connaissance de cause !
Son prix est extrêmement variable d'un modèle à l'autre. Choisissez-la avec une lame inoxydable et avec la possibilité de varier l'épaisseur. En conclusion, un achat très malin !

- Pinceau de cuisine : il vous sera indispensable pour badigeonner des feuilles de brick, une brioche, une pâte (brisée, feuilletée, sablée). Vous obtiendrez un résultat coloré, croustillant et des plus appétissant. Vous pourrez le trouver dans le commerce sous un aspect traditionnel (le meilleur pour moi) ou en silicone (plus facile d'entretien).

- Les ustensiles habituels que sont les saladiers, fouets, balance, rouleau à pâtisserie, etc. offrent un éventail de choix, de couleur, de matière, de forme et de qualité assez impressionnant. Ils constituent à eux seuls des objets de décoration qui suivent les tendances actuelles.

Les cercles à pâtisserie vont devenir un de ces nouveaux gadgets indispensables dans votre cuisine. Vos créations et vos airs de grand chef vont impressionner tous vos invités.

L'imagination constitue l'essentiel de la maîtrise de vos plats !

Tartare de concombre aux noix de cajou et au saumon • page 16

Improvisations pour les soirs de semaine

(qui a dit que je devais me tuer à la tâche...)

Facile
Raisonnable

Préparation : 12 minutes

Pour 2 personnes
100 g de saumon fumé
2 cuil. à soupe de jus de citron vert + 1 filet
2 cuil. à soupe d'huile d'olive + 1 filet
1 cuil. à café d'aneth émincé
120 g de ricotta
1 concombre
1 poignée de noix de cajou
Fleur de sel
Poivre noir.

Tartare de concombre
aux noix de cajou et au saumon

- Détailler le saumon en lanières. Le mettre dans un bol avec 1 cuillerée de jus de citron, 1 cuillerée d'huile d'olive et l'aneth.
- Fouetter la ricotta pour la rendre onctueuse, assaisonner à sa convenance.
- Couper le concombre en deux, dans le sens de la longueur. Ôter les graines avec une petite cuillère. Finir en le découpant en petits dés.
- Les mélanger avec la seconde cuillerée de jus de citron et d'huile et les noix de cajou concassées. Ne pas oublier de poivrer.
- Placer des cercles à pâtisserie de forme carrée dans des assiettes.
- Répartir au fond le tartare de concombre.
- Étaler la ricotta et déposer les lanières de saumon.
- Démouler doucement en maintenant avec le poussoir.
- Finir par un filet de jus de citron et d'huile d'olive.
- Parsemer de fleur de sel et de poivre.

Servez accompagné de gressins.

Conseil :
ne salez pas le concombre, il risque de rendre trop d'eau.

Crumbles de feta au pesto et à la tomate

Très facile
Peu coûteux

Préparation : 12 minutes

Pour 2 personnes
100 g de feta
2 cuil. à café de pesto
1 filet de jus de citron
2 tomates
1 filet d'huile d'olive
60 g de croûtons de pain à l'ail
2 cuil. à café de miel
Fleur de sel, poivre noir.

- À l'aide d'un robot, mixer la feta avec le pesto et le jus de citron.
- Découper les tomates en petits dés après avoir pris le soin d'ôter les graines.
- Arroser ces dernières d'huile d'olive et assaisonner avec un peu de fleur de sel et de poivre.
- Toujours avec le robot, mixer les croûtons avec une pincée de fleur de sel. Attention, ne donner que quelques impulsions !
- Placer 2 cercles au centre des assiettes.
- Remplir ces derniers en commençant par la feta, puis les tomates. Tasser légèrement avec le poussoir. Finir en disposant les croûtons.
- Ôter les cercles délicatement.
- Arroser d'un peu de miel.

Décorez d'une feuille de basilic, par exemple.

Facile
Cher

Risottos de blé aux Saint-Jacques

Préparation : 8 minutes
Cuisson : 10 minutes
Repos : 5 minutes

Pour 2 personnes

1 échalote émincée
1 noix de beurre
250 g de blé déjà cuit et surgelé
8 cl de crème fraîche épaisse
30 g de parmesan
60 g de noix de Saint-Jacques de petite taille surgelées
Quelques brins de persil frais
Une pincée de muscade
Poivre noir.

- Faire revenir l'échalote avec le beurre dans une poêle à feu doux.
- Verser le blé et suivre le temps de cuisson indiqué au dos du paquet.
- Incorporer, après avoir coupé le feu, la crème, le parmesan râpé, les noix encore congelées et le persil émincé. Poivrer, mélanger délicatement et couvrir. Laisser reposer.
- Poser les cercles dans des assiettes à service.
- Garnir de risotto. Tasser légèrement ce dernier à l'aide du poussoir. Maintenir la préparation avec ce dernier et démouler.
- Décorer de copeaux de parmesan et d'une pincée de muscade.
- À servir sans attendre.

Variantes

Vous pouvez varier cette recette avec du riz ou du quinoa. Voire avec des coquillettes.

Les crevettes, le saumon fumé peuvent très bien prendre la place des Saint-Jacques.

Purée au jambon sophistiquée

Très facile
Peu coûteux

Préparation : 7 minutes
Cuisson : 4 minutes

Pour 2 personnes
300 g d'écrasée de pomme de terre à l'huile d'olive surgelée
1 cuil. à soupe d'estragon frais
10 g de beurre
Une pincée de muscade
4 tranches de jambon de Paris
1 grosse poignée de pousses d'épinard frais
Sel, poivre noir.

- Décongeler la purée de pomme de terre selon les indications sur l'emballage.
- Y incorporer à la fin l'estragon, le beurre et la muscade. Saler et poivrer.
- Déposer 2 cercles à pâtisserie dans 2 assiettes.
- Hacher le jambon avec un couteau ou à l'aide d'un robot culinaire.
- Garnir les cercles de jambon haché, tasser à l'aide du poussoir. Puis finir en mettant la purée.
- Retirer délicatement les cercles en maintenant avec le poussoir.
- Accompagner de quelques pousses d'épinard.

Conseil

Je vous conseille de bien goûter avant d'assaisonner car ces purées le sont déjà.

Astuce

Vous pouvez trouver une quantité infinie de purées (topinambour, carotte, courgette, artichaut…).

Très facile
Raisonnable

Émincés de poulet
sur lit de champignons

Préparation : 10 minutes
Cuisson : 15 minutes
Repos : 1 heure au minimum

Pour 2 personnes
1 blanc de poulet
1 oignon
1 clou de girofle
6 cl de sauce Arôme Saveur
2 cuil. à soupe d'huile d'olive
300 g d'un mélange de champignons cuisinés surgelé
Quelques brins de persil frais
Sel, poivre noir.

- Le matin, juste avant de partir au travail, couper le poulet en lamelles.
- Placer ces dernières dans un plat avec l'oignon émincé grossièrement et le clou de girofle. Ajouter la sauce et l'huile. Mélanger et réserver au réfrigérateur.
- Juste avant de servir, cuire les champignons selon les indications sur l'emballage.
- Faire dorer les lamelles de poulet égoutées, 1 à 2 minutes sur chaque face selon leur épaisseur, assaisonner.
- Verser la marinade dans une casserole et laisser réduire quelques minutes.
- Placer respectivement 2 cercles sur des assiettes.
- Garnir de champignons en tassant un peu, à l'aide du poussoir.
- Disposer le poulet en rosace, par exemple.
- Ôter avec beaucoup de délicatesse les cercles.
- Finir par une touche de persil et un peu de sauce.

Astuce

Vous pouvez glisser un morceau de foie gras lors du dressage entre les champignons et le poulet. Il faut savoir se faire plaisir après une dure journée de travail…

Conseil

Pensez à retirer le clou de girofle avant de servir.

Parmentiers acidulés-sucrés

Facile
Cher

- Faire cuire la cuisse de canard dans un four à 200 °C (th. 6-7).
- Pendant ce temps, décongeler la purée de patates douces dans une casserole pendant environ 6 minutes.
- Incorporer à la fin le parmesan râpé.
- Mixer les tomates avec l'ail pour obtenir une jolie texture.
- Retirer la peau sur la cuisse du canard, puis effiler la chair. La mélanger avec le persil, poivrer.
- Dresser les parmentiers, en déposant les cercles à pâtisserie dans des assiettes.
- Superposer une couche de canard, une couche de tomates et finir par la purée de patates douces.
- Presser légèrement avec le poussoir entre chaque étape pour obtenir une belle tenue.
- Démouler délicatement.
- Garnir de jeunes pousses sur le dessus, au moment de servir.
- Arroser d'un filet d'huile de noix.

Préparation : 15 minutes
Cuisson : 12 minutes

Pour 2 personnes
1 grosse cuisse de canard confite
350 g de purée de patates douces surgelée
30 g de parmesan
3 cuil. à soupe de tomates confites
1/2 gousse d'ail
1 cuil. à soupe de persil frais haché
200 g de jeunes pousses au choix
1 cuil. à soupe d'huile de noix
Poivre noir.

Conseil

Dans ce chapitre, j'utilise essentiellement des produits du commerce.
Par conséquent, évitez de trop assaisonner.
Ces produits le sont déjà en partie.

Faisselles aux figues rôties

Très facile
Peu coûteux

Préparation : 10 minutes
Cuisson : 7 minutes

Pour 2 personnes
150 g de figues
2 cuil. à soupe de miel
1 orange non traitée
1 gousse de vanille
2 petites faisselles.

- Dans une poêle, mettre les figues coupées en quartiers avec le miel ainsi que le zeste et le jus de l'orange et la gousse de vanille coupée en deux. Faire dorer les fruits.
- Ôter ces derniers de la poêle et laisser réduire le sirop obtenu pour que le résultat soit plutôt épais.
- Placer les cercles sur les assiettes. Déposer les faisselles égouttées à l'intérieur, presser avec le poussoir. Finir en mettant les quartiers de figue.
- Démouler et napper de sauce.

Conseil

Vous pouvez réaliser ce dessert même en plein hiver avec des figues surgelées. Ne les faites pas décongeler avant de les utiliser.

Pain d'épice moelleux à l'orange

Très facile
Peu coûteux

Préparation : 7 minutes

Pour 2 personnes
2 tranches de pain d'épice
2 petits-suisses
2 cuil. à soupe de fromage frais
1 cuil. à soupe de jus d'orange
1 cuil. à café de sucre glace
1 orange
Une pincée de cannelle.

- Découper le pain d'épice pour tapisser le fond de 2 cercles à pâtisserie de forme carrée.
- Fouetter les petits-suisses avec le fromage frais, le jus d'orange et le sucre. Rendre le mélange bien homogène.
- Peler l'orange à vif, pour ensuite en retirer les segments.
- Garnir les carrés en commençant par le pain d'épice. Puis disposer la crème de fromage à l'aide d'une petite cuillère ou d'une poche à douille. Déposer les morceaux d'orange. Ôter avec beaucoup de douceur les carrés. Saupoudrer d'une pointe de cannelle.

Astuce

Il vous est possible d'utiliser des clémentines.

Faisselles aux figues rôties

Très facilee
Peu coûteux

Trésors briochés aux cerises

Préparation : 10 minutes
Réfrigération : 30 minutes

Pour 2 personnes
200 g de cerises dénoyautées surgelées
1 cuil. à soupe bombée de sucre glace
1 cuil. à soupe de kirsch
1 gousse de vanille
6 tranches de brioche au beurre
1 bombe de crème fouettée à la vanille.

- Verser les fruits encore gelés dans le bol d'un blender ou d'un mixeur. Y mettre le sucre et le kirsch.
- Couper la gousse de vanille en deux dans le sens de la longueur, retirer les graines avec la pointe du couteau. Les ajouter aux fruits.
- Mixer pour obtenir une purée. Attention, pas trop ! Il faut garder des morceaux de fruit.
- Découper les tranches de brioche pour qu'elles puissent tapisser le fond, les côtés et le dessus des cercles.
- Disposer ces cercles sur une plaque à pâtisserie recouverte d'un film alimentaire.
- Placer sur l'intérieur le film à chemiser.
- Tremper chaque morceau de brioche dans la purée de cerise. En déposer un au fond puis tapisser les côtés.
- Garnir de purée et finir avec un autre morceau de brioche sur le dessus.
- Bien tasser l'ensemble avec le poussoir.
- Réserver au frais pendant 30 minutes, jusqu'au moment de servir.
- Démouler les cercles en plaçant une assiette dessus et retourner d'un coup. On ne devrait avoir aucun mal à réaliser cette étape si on a chemisé les cercles.
- Accompagner les desserts de crème fouettée à la vanille.

Astuce
Le film à chemiser est réutilisable. Il vous suffit de le laver à la main. Si vous n'en avez pas, vous pouvez toutefois utiliser du film alimentaire. Cela fonctionne très bien !

Salade d'été • page 30

Mon ange, ce soir, c'est toi
et moi en amoureux !

Très facile
Peu coûteux

Fromage frais aux noisettes

Préparation : 10 minutes
Cuisson : 2 minutes

Pour 2 personnes
60 g de noisettes
2 fromages de brebis frais
2 branches d'origan frais
1 branche de basilic
1 cuil. à soupe de menthe fraîche
1 branche de thym frais
2 cuil. à soupe d'huile de noisette
Fleur de sel
Poivre noir.

- Mettre les noisettes dans une poêle pour les faire griller.
- Mélanger les fromages avec l'ensemble des herbes fraîches émincées. Saler et poivrer à sa convenance.
- Concasser grossièrement les noisettes à l'aide d'un couteau.
- Placer ces dernières au fond de 2 cercles à pâtisserie de forme carrée, disposés sur des assiettes.
- Finir de garnir avec le fromage en prenant le soin de bien le faire adhérer aux fruits secs à l'aide du poussoir. Réserver au frais jusqu'au service.
- Au moment de la dégustation, retirer les 2 carrés.
- Arroser d'un filet d'huile de noisette et parsemer de quelques herbes.

Conseil
Accompagnez de tranches de pain grillées.

Facile
Peu coûteux

Salade d'été

Préparation : 18 minutes
Cuisson : 10 minutes

Pour 2 personnes
1 poivron jaune
1 poivron rouge
1 boule de mozzarella
2 cuil. à soupe d'huile d'olive
5 feuilles de basilic
1 cuil. à café de jus de citron
1 cuil. à soupe de vinaigre de cidre
Sel, poivre noir.

- Placer les poivrons sous le gril du four. Les retourner en cours de cuisson pour que toute la peau noircisse. Les mettre dans une assiette et la filmer.
- Détailler la mozzarella en tranches au diamètre des cercles.
- Peler les poivrons sans se brûler. Les couper pour garnir les cercles.
- Superposer la mozzarella et les poivrons en alternant les couches.
- Dans un blender, mixer le reste des ingrédients.
- Démouler et servir avec la sauce.

Conseil
Servez ce plat comme entrée avec des tuiles de parmesan ou en accompagnement d'une viande grillée.

Fromage frais aux noisettes

Millefeuilles de poireaux
aux langoustines

Facile
Raisonnable

Préparation : 20 minutes
Cuisson : 24 minutes

Pour 2 personnes
1 pâte feuilletée
1 jaune d'œuf
2 cuil. à soupe de mélange de graines
4 jeunes poireaux
20 g de beurre
1 citron non traité
6 langoustines
Sel, poivre noir.

- Détailler 6 cercles dans la pâte feuilletée à l'aide d'un emporte-pièce. Les placer sur une plaque recouverte d'une feuille de papier cuisson.
- Remettre une seconde feuille sur le dessus ainsi qu'une seconde plaque. Cuire 18 minutes à 210 °C (th. 7).
- À la moitié du temps, ôter la plaque, dorer avec le jaune d'œuf mélangé à 1 cuillerée à soupe d'eau. Parsemer de graines. Terminer la cuisson.
- Pendant ce temps, fendre les poireaux en deux, dans le sens de la longueur. Les rincer et les faire cuire à la vapeur pour qu'ils soient tendres.
- Décortiquer les langoustines.
- Dans une poêle, mettre le beurre avec le zeste du citron.
- Déposer les langoustines recoupées en deux dans le sens de la longueur. Assaisonner, puis les ôter dès qu'elles sont dorées.
- Monter les millefeuilles dans des cercles en alternant la pâte, les poireaux et les langoustines.
- Démouler avec douceur, finir avec un filet de beurre au citron et une pointe d'assaisonnement.

Besoin d'un moment en tête à tête… Il n'est donc pas question de passer ma soirée devant mes fourneaux à bouder mon amoureux ! Une subtilité de parfum et de couleur qui finiront de créer l'ambiance d'un repas intime et agréable.

Conseil

Vous pouvez décorer avec des zestes de citron et du persil frais.

Astuce

Pour un plat aussi bon, mais plus économique, optez pour des crevettes.

Facile
Raisonnable

Balluchons d'escargots
au sarrasin

Préparation : 15 minutes
Cuisson : 7 minutes

Pour 2 personnes
2 galettes au sarrasin
150 g d'escargots en boîte
30 g de beurre d'escargot
3 feuilles de laitue
Quelques rondelles de radis noir
Sel, poivre noir.

- Placer la galette au fond des cercles en la faisant remonter sur les bords.
- Rincer les escargots sous un filet d'eau, les égoutter.
- Réchauffer ces derniers dans une poêle environ 2 minutes. Y ajouter alors le beurre. Remuer et laisser fondre les parfums. Assaisonner de sel et de poivre.
- Garnir les cercles. Refermer les galettes en repliant les bords sur le dessus.
- Placer les balluchons au four à 180 °C (th. 6) environ 3 minutes pour réchauffer l'ensemble sans dessécher les galettes.
- Dresser les assiettes avec un peu de laitue émincée et quelques rondelles de radis.
- Disposer les balluchons et finir en arrosant d'un peu de beurre d'escargot.
- Redonner un tour de moulin à poivre et une pincée de sel.
- À déguster bien chaud !

Conseil
Pour que le montage tienne, il faut bien garnir les galettes.

Purée de courge musquée à la pancetta

Facile
Peu coûteux

- Couper la courge en deux. Ôter les graines du cœur avec une cuillère.
- Déposer les morceaux sur une plaque de cuisson. Arroser d'huile d'olive, de thym et de cassonade. Assaisonner et les retourner, peaux vers le haut. Cuire 1 heure à 180 °C (th. 6).
- Au moment de servir, faire griller la pancetta dans une poêle à sec.
- Retirer la chair de la courge et la mettre dans un saladier. Y incorporer le beurre, rectifier l'assaisonnement.
- Dresser les purées dans des cercles. Presser avec le poussoir.
- Démouler et déposer les tranches de pancetta grillées.
- Parsemer de pignons de pin grillés.

Préparation : 10 minutes
Cuisson : 1 heure 5 minutes

Pour 2 personnes

1 courge musquée
2 cuil. à soupe d'huile d'olive
1 cuil. à café de thym
1 cuil. à café de cassonade
4 tranches de pancetta
20 g de beurre
20 g de pignons de pin grillés
Sel, poivre noir.

Astuce

vous pouvez vous inspirer de cette recette et utiliser une purée de pommes de terre.

Conseil

La purée ne doit pas être trop liquide, sinon le moulage ne tiendra pas.

Purée de courge musquée à la pancetta • page 35

Choux d'amour • page 38

Très facile
Peu coûteux

Choux d'amour

Préparation : 18 minutes
Cuisson : 15 minutes

Pour 2 personnes
15 cl de crème fraîche liquide
7 bonbons à la fraise
400 g de fraises
200 g de sucre à confiture
1 gousse de vanille
10 chouquettes.

- Mettre la crème avec les bonbons dans une casserole. Cuire le tout à feu doux en remuant pour que les bonbons fondent.
- Quand la crème a refroidi, la verser dans un siphon en la filtrant. Refermer ce dernier, placer une cartouche de gaz.
- Visser jusqu'à entendre la percussion et le gaz s'échapper. Secouer énergiquement et réserver au frais.
- Rincer, équeuter les fraises.
- Les mettre à cuire environ 10 minutes avec le sucre et la gousse de vanille fendue en deux.
- Au moment de servir, mettre les cercles sur les assiettes de service.
- Découper les chouquettes dans le sens de l'épaisseur.
- En placer au fond et garnir d'un peu de confiture. Former une couche de chantilly rose avec le siphon. Disposer d'autres demi-chouquettes. Renouveler les étapes pour finir de remplir les cercles.
- Ôter les cercles délicatement.

Conseil

Cette fois, n'utilisez pas le poussoir car vous allez écraser la chantilly. Le dessert doit rester aérien.

Astuce

Un pot de confiture du commerce ou encore une glace à la fraise peut très bien convenir.
Mettez vos assiettes et vos cercles au congélateur, ainsi, votre dessert se tiendra mieux.

Tartelettes glacées à la myrtille

Très facile
Raisonnable

Préparation : 18 minutes
Cuisson : 7 minutes

Pour 2 personnes
1 pâte sablée
50 cl de glace à la vanille
125 g de myrtilles
1 cuil. à soupe de cassonade.

- Découper la pâte avec un cercle de diamètre supérieur à celui qui va servir pour monter le dessert.
- Placer chacun des disques de pâte au fond de cercles. Faire remonter les bords comme pour une tarte.
- Piquer avec une fourchette la pâte et enfourner à 180 °C (th. 6).
- Sortir la pâte après environ 5 minutes de cuisson, le but est qu'elle soit dorée.
- Quand les disques de pâte ont refroidi, les garnir de glace. Réserver au congélateur.
- Faire caraméliser les myrtilles dans une poêle avec la cassonade.
- Démouler les tartelettes sur des assiettes en chauffant légèrement le cercle avec une flamme.
- Napper de myrtilles encore chaudes.
- Servir tout de suite.

Astuce

Pour un dessert plus léger, remplacez la glace par du fromage blanc.

Conseil

Quand j'ai un peu plus de temps devant moi, je dore la pâte avec un jaune d'œuf battu avec 1 sachet de sucre vanillé.

Facile
Raisonnable

Riz au lait aux dragées

Préparation : 15 minutes
Cuisson : 40 minutes

Pour 2 personnes
30 g de riz rond
15 cl de lait entier
10 g de sucre rose
1 gousse de vanille
15 cl de crème fraîche liquide
1 cuil. à soupe de sucre glace
30 g de dragées roses.

- Mettre dans une casserole le riz avec le lait, le sucre et la gousse de vanille fendue. Mélanger et porter à ébullition.
- Baisser le feu et laisser cuire jusqu'à ce que le riz soit tendre.
- Laisser refroidir ce dernier en le filmant au contact avec un film alimentaire. Cela évitera qu'il ne se forme une pellicule.
- Placer la crème au congélateur avec le saladier et le fouet 10 minutes avant de servir le dessert.
- Garnir les cercles de riz au lait en pressant légèrement avec le poussoir.
- Monter la crème en chantilly en y ajoutant le sucre glace.
- Concasser les dragées.
- Finir de remplir les cercles de chantilly.
- Démouler et orner d'éclats de dragée.

Conseil
Vous pouvez placer un biscuit de Reims émietté au fond des cercles, avant de mettre le riz au lait.

Dessert chocolaté à l'orange

Très facile
Raisonnable

Préparation : 17 minutes
Cuisson : 2 minutes
Repos : 2 heures

Pour 2 personnes
2 brownies
150 g de chocolat noir extra
20 cl de crème fraîche liquide
1 cuil. à café de beurre en pommade
3 cuil. à soupe de confiture d'oranges
1 feuille de gélatine.

- Découper les brownies en morceaux.
- Hacher le chocolat à l'aide d'un couteau.
- Porter la crème à ébullition, couper le feu. Y ajouter le chocolat et laisser passer 1 minute avant de mélanger. Incorporer le beurre. Laisser refroidir cette ganache.
- Mélanger les morceaux de brownies à la ganache. Garnir 2 cercles et entreposer au réfrigérateur pendant 2 heures.
- Verser la confiture dans une casserole, chauffer à feu doux.
- Pendant ce temps, mettre la gélatine à ramollir dans un bol d'eau froide. Retirer l'excès d'eau en la pressant dans ses mains.
- L'incorporer alors à la confiture, mélanger soigneusement.
- Quand la préparation a refroidi, verser cette dernière sur les ganaches au chocolat.
- Remettre au frais jusqu'au moment de servir.

Astuce
Vous pouvez utiliser le chocolat de votre choix, soit au lait, au caramel...

Cheesecakes aux écrevisses et leur chantilly à l'avocat • page 46

Baby sitter pour les enfants et
soirée entre amis pour nous !

Cheesecakes aux écrevisses
et leur chantilly à l'avocat

Facile
Cher

Préparation : 15 minutes
Repos : 3 heures

Pour 4 personnes
1 avocat
1 cuil. à soupe de jus de citron jaune
12 cl de crème fraîche liquide
120 g de crackers
40 g de cacahuètes salées grillées à sec
60 g de beurre en pommade
1 cuil. à café de paprika
200 g de fromage frais
1 cuil. à soupe de fromage blanc
1 citron vert non traité
1 cuil. à soupe de ciboulette fraîche ciselée
100 g de queues d'écrevisse décortiquées
Sel, poivre noir.

- Mixer l'avocat avec le jus de citron et la crème. Filtrer et verser le tout dans un siphon. Visser la cartouche de gaz, secouer et réserver au frais.
- À l'aide d'un robot, préparer le fond des cheesecakes en mixant les crackers, les cacahuètes, le beurre et le paprika.
- Placer les cercles sur des assiettes. Garnir le fond en appuyant bien avec le poussoir.
- Fouetter les 2 fromages ensemble avec les zestes du citron vert, 1 cuillerée à soupe de jus du citron vert et la ciboulette. Assaisonner à son goût.
- Incorporer les écrevisses délicatement.
- Remplir les cercles de cette préparation. Lisser le dessus à l'aide d'une spatule.
- Mettre la chantilly à l'avocat.
- Démouler et parsemer de quelques éclats de cacahuètes.

Astuce
Vous pouvez réaliser une variante avec du saumon fumé, des crevettes.

Conseil
Si vous aimez les choses qui chatouillent le palais, optez pour des cacahuètes recouvertes d'une coque au wasabi.

Bon, alors, soyons bien d'accord. J'adore mes enfants… Mais il y a des moments où, sincèrement, le langage « bébé », les cris et toutes ces petites choses dont ils ont le secret m'exaspèrent !
Je confie donc ce soir mon rôle à mademoiselle. Et, pour nous, ce sera un bon moment de détente avec de vraies discussions.
Qui dit mieux ?

Croustillants fondants au poulet

Facile
Raisonnable

Préparation : 20 minutes
Cuisson : 20 minutes

Pour 4 personnes
2 pâtes feuilletées
1 reblochon
2 escalopes de poulet
3 cuil. à soupe de crème fraîche épaisse
2 branches d'estragon frais
1 jaune d'œuf
Sel, poivre noir.

- Découper 8 disques de pâte de diamètre supérieur aux cercles utilisés pour le montage.
- Retirer la croûte du reblochon puis le couper en tranches.
- Chemiser 4 cercles avec 4 morceaux de pâte.
- Garnir de fromage.
- Recouper les escalopes de poulet en deux.
- Les placer entre 2 feuilles de film alimentaire et taper dessus avec un rouleau à pâtisserie. Le but est de les attendrir et d'en diminuer l'épaisseur.
- Répartir de façon égale le poulet ainsi que la crème et les feuilles d'estragon. Assaisonner légèrement.
- Mélanger le jaune d'œuf avec 1 cuillerée à soupe d'eau. Badigeonner les bords de la pâte à l'aide d'un pinceau.
- Refermer ces petites tourtes avec les disques restants. Bien souder les bords en formant un boudin.
- Dorer ces dernières sur le dessus, toujours avec le jaune d'œuf.
- Cuire 20 minutes à 210 °C (th. 7).

Dressez avec une belle salade.

Conseil
Recouvrez vos tourtes d'une feuille de papier d'aluminium, si elles colorent trop vite.

Astuce
Pour une version végétarienne, remplacez la garniture par une boîte de champignons de Paris et du comté.

Poulet frit à la noix de coco
et riz cajun

Très facile
Peu coûteux

Préparation : 15 minutes
Cuisson : 20 minutes

Pour 4 personnes
250 g de riz basmati
2 cuil. à café de mélange cajun
4 escalopes de poulet
2 blancs d'œufs
50 g de farine de riz
50 g de noix de coco râpée
Huile de pépins de raisin
1 poignée de pousses d'épinard
Sel, poivre noir.

- Cuire le riz dans un rice cooker, selon les instructions. Ajouter les épices à l'eau, mélanger et enclencher l'appareil.
- Découper le poulet en morceaux.
- Fouetter les blancs d'œufs pour qu'ils deviennent mousseux.
- Enrober la viande de ces derniers, puis du mélange constitué de farine, de noix de coco et de sel.
- Faire frire le poulet dans l'huile de pépins bien chaude. Le sortir quand il est bien doré et tout croustillant.
- Placer les cercles dans les assiettes.
- Incorporer les pousses d'épinard au riz encore chaud.
- Garnir les cercles de riz aux épinards, tasser légèrement. Puis disposer les morceaux de poulet.
- Ôter les cercles.
- Redonner un tour d'assaisonnement.

Conseil

Faites une sauce en mixant 2 tranches d'ananas avec 1 cuillerée à soupe de sauce de soja et 1 cuillerée à soupe de vinaigre de cidre.

Facile
Cher

Pastillas d'agneau
et carottes glacées au sésame

Préparation : 30 minutes
Cuisson :
1 heure 30 minutes

Pour 4 personnes
500 g d'épaule d'agneau en morceaux
1 oignon émincé
2 cuil. à café de gingembre frais râpé
1,5 cuil. à café de cannelle en poudre
50 g d'abricots secs
50 g de raisins secs
2 cuil. à soupe de persil frais haché
2 cuil. à soupe de coriandre fraîche hachée
150 g d'amandes hachées
1 cuil. à café de sucre
3 carottes
2 œufs
25 g de beurre fondu
8 feuilles de brick
1 cuil. à soupe de miel
2 cuil. à soupe de graines de sésame
1 citron
Sel, poivre noir.

- Dans une cocotte, mettre l'agneau avec l'oignon, le gingembre, 1 cuillerée à café de cannelle, les fruits secs ainsi que le persil et la coriandre. Ajouter 30 cl d'eau et couvrir. Cuire à 210 °C (th. 7) pendant 1 heure.
- Faire griller les amandes dans une poêle avec le sucre et le reste de cannelle. Réserver pour le montage.
- Peler les carottes et les détailler en tagliatelles avec un économe.
- Ajouter les œufs battus à la viande, mélanger.
- Badigeonner les cercles de beurre après les avoir disposés sur une plaque. Beurrer également les feuilles de brick.
- Les placer dans les cercles en les laissant déborder. Il faudra en superposer 2 à chaque fois.
- Garnir d'agneau puis d'amandes. Refermer les pastillas, badigeonner de beurre.
- Cuire à 200 °C (th. 6-7) environ 20 minutes.
- Poêler rapidement les carottes avec le miel et les graines de sésame, juste quelques minutes.
- Déglacer avec un filet de jus de citron.
- Placer les cercles sur les assiettes, finir de garnir avec les carottes.
- Démouler et servir.

Tartiflettes à la viande des Grisons

Très facile
Raisonnable

- Mettre les pommes de terre à cuire dans une casserole d'eau bouillante légèrement salée, durant 20 minutes.
- Pendant ce temps, ôter la croûte du fromage. Recouper les tranches de ce dernier et celles de la viande des Grisons à la taille des cercles rectangulaires.
- Une fois les pommes de terre cuites, les peler puis les couper en rondelles.
- Garnir les cercles en commençant par un peu de pomme de terre pour faire le fond.
- Assaisonner de muscade ainsi que de sel et de poivre.
- Superposer ensuite le fromage puis la viande des Grisons.
- Renouveler les opérations précédentes jusqu'à remplir complètement les cercles.
- Presser le tout avec le poussoir.
- Enfourner à 180 °C (th. 6) pendant 5 minutes. Il faut que le fromage fonde.

Préparation : 15 minutes
Cuisson : 25 minutes

Pour 4 personnes
3 pommes de terre
8 tranches de fromage à raclette à la moutarde
8 tranches de viande des Grisons
1 cuil. à café de muscade
Sel, poivre noir.

Conseil

Par souci de vaisselle, placez toujours une feuille de papier cuisson sur votre plaque avant de monter vos préparations.

Astuce

Si vous possédez des assiettes qui supportent d'aller au four, c'est-à-dire un peu épaisses, dressez directement vos tartiflettes dans ces dernières et enfournez. Vous aurez ainsi la possibilité de servir un plat bien chaud.

Lasagnes de tomates confites

Très facile
Peu coûteux

- Mettre dans un plat les tomates cerise rincées. Ajouter l'origan, l'huile d'olive (en garder un filet) et les gousses d'ail avec leur peau, juste écrasées. Saupoudrer de sucre. Saler et poivrer.
- Cuire à 150 °C (th. 5) environ 2 heures.
- Se servir d'un des cercles pour découper les lasagnes.
- Plonger les disques de lasagnes dans une casserole d'eau bouillante salée, pendant 5 minutes.
- Les sortir à l'aide d'une écumoire et les disposer sur un torchon bien à plat.
- Dresser les cercles dans les assiettes.
- Superposer les lasagnes avec les tomates confites.
- Démouler et finir par un filet d'huile d'olive et quelques feuilles de basilic frais pour la décoration.
- Assaisonner une dernière fois.

Préparation : 12 minutes
Cuisson :
2 heures 5 minutes

Pour 4 personnes
4 grappes de tomates cerise
3 branches d'origan frais
3 cuil. à soupe d'huile d'olive
3 gousses d'ail
1 cuil. à café de sucre en poudre
8 feuilles de lasagnes fraîches
Quelques feuilles de basilic frais
Sel, poivre noir.

Conseil
Remplacez les tomates par les légumes de votre choix.

Astuce
Elles conviennent très bien pour accompagner une viande rouge grillée.

Facile
Raisonnable

Dômes de thé vert sur gâteau au chocolat et croustillant

Préparation : 20 minutes
Cuisson : 9 minutes
Réfrigération : 2 heures

Pour 4 personnes
7 cl de crème fraîche liquide
2 feuilles de gélatine
150 g de chocolat blanc pour pâtisserie
1 cuil. à café de thé vert matcha
80 g de beurre en pommade
60 g de sucre en poudre
40 g de farine
20 g de cacao amer en poudre
1 œuf
1 pot de pâte à tartiner au caramel au beurre salé
20 g de riz soufflé
Chocolat noir
Sel.

- Chauffer la crème fraîche. Faire tremper la gélatine dans de l'eau froide.
- Hacher le chocolat blanc et le mettre dans un saladier, avec le thé vert et 20 g de beurre. Verser la crème dessus, attendre 1 minute, incorporer la gélatine égouttée et remuer avec un fouet.
- Répartir cette ganache dans des moules en silicone en forme de demi-sphère. Réserver au frais.
- Mixer le reste de beurre avec le sucre.
- Ajouter la farine, le cacao avec une pincée de sel. Incorporer l'œuf.
- Verser la pâte dans un moule à manqué.
- Cuire 9 minutes à 180 °C (th. 6).
- Quand cette génoise a refroidi, découper avec un des cercles 4 disques de gâteau. Les placer au fond de 4 cercles à pâtisserie.
- Garnir de pâte à tartiner mélangée au riz soufflé pour former une couche. Presser avec le poussoir et mettre au frais.
- Démouler en maintenant toujours avec le poussoir.
- Disposer une ganache sur le dessus, partie bombée vers le haut.
- Décorer d'un éclat de chocolat noir.

Douceurs d'abricot et de rose

Difficile
Raisonnable

- Casser les œufs en séparant les blancs des jaunes.
- Blanchir ces derniers avec le sucre et l'eau de rose.
- Monter les blancs en neige. Les incorporer à la préparation précédente en alternant avec la farine, que l'on aura mélangée avec 60 g de roses cristallisées.
- Verser cette pâte sur une plaque couverte d'une feuille de papier cuisson. Enfourner à 180 °C (th. 6) pour 12 minutes.
- Mixer les abricots avec la crème anglaise, passer le tout à la sorbetière. Le temps nécessaire est en moyenne de 20 minutes, selon les appareils.
- Monter la crème fraîche en chantilly.
- Incorporer délicatement la vanille et le coulis avec une spatule.
- Garnir des cercles à pâtisserie de forme carrée de génoise en la découpant à la bonne taille à l'aide de ces derniers.
- Déposer la glace en tassant légèrement en utilisant le poussoir.
- Finir par la chantilly et quelques roses cristallisées.
- Démouler et servir tout de suite.

Préparation : 30 minutes
Cuisson : 12 minutes
Repos : 20 minutes

Pour 4 personnes
3 œufs
100 g de sucre en poudre
1 cuil. à soupe d'eau de rose
80 g de farine
90 g de roses cristallisées
6 médaillons d'abricot au sirop
20 cl de crème anglaise
20 cl de crème fraîche liquide
1 cuil. à café d'extrait de vanille
10 cl de coulis d'abricots.

Astuce

Versez un sachet de Cremfix juste avant de finir de fouetter la chantilly. Cela lui permettra de mieux tenir.

Conseil

Il y a plus de glace que nécessaire. Vous pouvez donc la conserver au congélateur pour un goûter.

Facile
Raisonnable

Paniers de pommes
et espumas à la confiture de lait

Préparation : 20 minutes
Cuisson : 23 minutes
Réfrigération : 3 heures

Pour 4 personnes
15 cl de crème fraîche liquide
3 cuil. à soupe de confiture de lait
4 petites pommes
2 cuil. à soupe de vergeoise blonde
1 cuil. à café de cannelle
40 g de beurre en pommade
4 crêpes.

- Chauffer la crème avec la confiture. Mélanger pour obtenir un résultat homogène. Filtrer puis verser dans un siphon. Fixer la cartouche de gaz. Visser à fond jusqu'à entendre le gaz s'échapper, secouer et réserver au frais pour 3 heures.
- Ôter le cœur et couper le fond des pommes pour leur donner une bonne assise.
- Mettre dans une poêle la vergeoise avec la cannelle et le beurre.
- Déposer les pommes et faire cuire à feu doux pendant 10 minutes en les arrosant régulièrement.
- Glisser la poêle dans un four à 180 °C (th. 6) et faire cuire 10 minutes de plus.
- Disposer des cercles sur une plaque de cuisson chemisée de papier sulfurisé. Placer 1 crêpe dans chacun, en la laissant déborder sur les bords.
- Cuire à 180 °C (th. 6) pendant 3 minutes. La crêpe doit se sécher pour conserver la forme.
- Pour servir, déposer 1 crêpe dans une assiette garnie d'une pomme cuite.
- Arroser d'un peu de sauce.
- Finir en mettant l'espumas à la confiture de lait.

Astuce

La crêpe peut être remplacée par une feuille de brick, de la pâte feuilletée ou brisée.
Si vous n'avez pas de siphon, disposez simplement de la confiture de lait dans les crêpes.

Tagliatelles de courgettes au saumon • page 62

Une journée en famille,
c'est tellement agréable
et pas du tout stressant !

Facile
Raisonnable

Tagliatelles de courgettes
au saumon

Préparation : 10 minutes

Pour 6 personnes
700 g de courgettes
2 cuil. à soupe d'huile de noisette
1 cuil. à soupe de jus de citron
5 brins de cerfeuil
60 g de noix de macadamia décortiquées
100 g d'œufs de saumon
Sel, poivre noir.

- Laver les courgettes. Les découper en tagliatelles avec un économe.
- Réunir l'ensemble dans un saladier. Ajouter l'huile, le jus de citron et le cerfeuil émincé.
- Concasser les noix avec un couteau ou en frappant dessus avec le fond d'une casserole.
- Incorporer ces dernières aux courgettes, assaisonner généreusement.
- Placer des cercles dans des assiettes, garnir de légumes.
- Démouler avec précaution.
- Décorer d'œufs de saumon.

Conseil
Ne pressez pas la garniture, on recherche un résultat aéré.

Astuce
Vous pouvez prendre des dés de feta ou des petites crevettes roses pour remplacer les œufs de saumon.

Salade de boulgour au crabe

Très facile
Raisonnable

Préparation : 20 minutes
Repos : 30 minutes

Pour 6 personnes
300 g de boulgour
125 g de chair de crabe
1 pomme granny smith
1 citron vert
2 cuil. à soupe de sauce de soja
1 cuil. à café de wasabi
2 cuil. à soupe d'huile végétale
1 cuil. à soupe d'huile de sésame
1 botte de coriandre fraîche
1 piment rouge
Sel, poivre noir.

- Faire gonfler le boulgour dans de l'eau suivant les indications sur le paquet. Quand le temps est écoulé, l'égoutter. Y mélanger la chair de crabe.
- Détailler la pomme en dés sans la peler. Citronner ces derniers pour qu'ils ne noircissent pas. Les ajouter au boulgour, remuer.
- Dans un mixeur, mettre la sauce de soja, le wasabi, les huiles et 2 cuillerées à soupe de jus de citron. Donner quelques impulsions pour mélanger. Saler et poivrer.
- Dresser dans les assiettes les cercles avec la salade.
- Finir de garnir de coriandre.
- Émincer le piment après avoir pris le soin de retirer les graines. Le répartir sur la coriandre.
- Démouler et finir avec un filet de sauce.

Conseil
Le wasabi est une moutarde japonaise à base de raifort qui donne des sensations fortes.

Des moments de joie, de retrouvailles, de rires… Voilà comment je conçois le fait de recevoir toute la famille. Maintenant, je vous l'accorde, les premiers temps étaient plutôt synonymes de stress, et tout ce qui va avec. Finalement, après quelques essais, je me suis rendu compte qu'il fallait revoir mon organisation, mes menus et surtout profiter de ces instants ! Si je l'ai fait, vous pouvez le faire aussi. Faites-moi confiance !

Galettes aux poivrons et à la feta

Facile
Peu coûteux

Préparation : 25 minutes
Cuisson : 30 minutes
Repos : 10 minutes

Pour 6 personnes
5 pommes de terre
2 cuil. à soupe de persil frais haché
1 cuil. à soupe de farine
1 oignon
Huile végétale
3 poivrons rouges et jaunes
2 cuil. à soupe d'huile d'olive
1 cuil. à soupe de jus de citron
120 g de feta
1 poignée de pousses de betterave
Sel, poivre noir.

- Peler et râper les pommes de terre avec une râpe à gros trous. Presser ces dernières dans un torchon pour retirer le maximum d'eau. Les mettre dans un saladier.
- Y ajouter le persil, la farine et l'oignon râpé. Assaisonner généreusement.
- Mettre une partie de cette préparation dans un cercle. Presser avec le poussoir pour obtenir une belle galette.
- Ôter le cercle. Recommencer l'opération.
- Les faire cuire dans l'huile bien chaude puis baisser le feu. Les retourner à mi-cuisson pour qu'elles soient bien dorées.
- Pendant ce temps, faire griller les poivrons coupés en deux, côté peau vers le haut, sous le gril du four. Quand la peau est noire, les glisser dans un sachet de congélation. Le fermer et patienter 10 minutes.
- Mélanger l'huile d'olive avec le jus de citron, assaisonner.
- Peler les poivrons puis les détailler en lanières. Les mettre dans un bol avec l'huile au citron et la feta.
- Disposer les galettes de pomme de terre puis les poivrons dans les cercles.
- Garnir avec des pousses de betterave, démouler.

Astuce +++
N'hésitez pas à vous simplifier la vie avec des poivrons déjà pelés qui sont d'ailleurs délicieux.

Très facile
Peu coûteux

Pains de viande aux légumes

Préparation : 15 minutes
Cuisson : 20 minutes

Pour 6 personnes
3 tranches de poitrine de porc
700 g de bœuf haché
2 œufs
5 cuil. à soupe de chapelure
2 échalotes émincées
2 cuil. à soupe de sauce anglaise
1 cuil. à soupe d'estragon frais
2 carottes râpées
2 panais râpés
200 g de pousses d'épinard
Sel, poivre noir.

- Couper la poitrine en dés.
- Mélanger dans un grand saladier l'ensemble des ingrédients. Assaisonner selon son goût.
- Garnir les cercles, que l'on aura disposés sur une plaque allant au four. Prendre le soin de la recouvrir de papier cuisson.
- Il faudra bien presser la préparation pour que les pains se tiennent à la cuisson.
- Enfourner à 180 °C (th. 6) pour 20 minutes.

À déguster avec des pâtes fraîches.

Conseil

Cette recette peut être variée à l'infini en modifiant la viande ou les légumes.

Astuce

Vous pouvez ôter les cercles avant la cuisson et entourer vos pains de viande d'une tranche de poitrine.

Très facile
Peu coûteux

Millefeuilles de légumes confits au thym

Préparation : 15 minutes
Cuisson : 1 heure

Pour 6 personnes
2 courgettes
2 tomates
1 aubergine
4 brins de thym
4 cuil. à soupe d'huile d'olive parfumée à l'ail
6 tranches de pain aux céréales
Sel, poivre noir.

- Découper l'ensemble des légumes en fines tranches à l'aide d'une mandoline.
- Alterner ces dernières dans un plat à gratin huilé. Assaisonner et parsemer de thym au fur et à mesure des couches. Arroser d'huile d'olive parfumée. Cuire 1 heure à 180 °C (th. 6).
- À l'aide d'un cercle à pâtisserie, détailler les millefeuilles. Les sortir en glissant une spatule dessous.
- Servir à l'assiette avec une tranche de pain grillé.
- Finir par un filet d'huile d'olive et une touche de sel et de poivre.

Astuce
Alternez de fines tranches de gorgonzola pour une nouvelle version.

Conseil
Plus la cuisson sera longue et à faible température, plus le résultat sera moelleux.

Réalisez une sauce en mixant 8 tomates confites avec 1 petit chèvre frais, quelques feuilles de basilic, 1 cuillerée à soupe de pignons de pin grillés. Ajoutez l'huile d'olive petit à petit pour obtenir la bonne texture. Assaisonnez à votre goût.

Mousse à la vanille
et raviolis au chocolat

Facile
Raisonnable

Préparation : 30 minutes
Cuisson : 6 minutes
Réfrigération : 4 heures

Pour 6 personnes
1 l de crème glacée à la vanille
5 feuilles de gélatine
50 cl de crème fraîche liquide
1 petit pot de pâte à tartiner aux noisettes
12 carrés de pâte à won-ton
12 noisettes
Huile végétale
2 cuil. à soupe de sucre glace.

- Sortir la glace du congélateur pour qu'elle fonde.
- Mettre les feuilles de gélatine dans un grand bol d'eau froide.
- Chauffer légèrement la crème pour y incorporer la gélatine essorée. Mélanger pour qu'elle disparaisse complètement.
- Monter la crème fraîche en chantilly à l'aide d'un fouet électrique.
- L'incorporer à la glace à la vanille, délicatement, en soulevant la préparation avec une spatule.
- Verser le tout dans un cercle à pâtisserie de forme rectangulaire de grande taille. Prendre soin de le chemiser de film alimentaire. Lisser le dessus.
- Glisser la mousse au réfrigérateur pour 4 heures.
- Disposer un peu de pâte à tartiner sur un des côtés des won-ton.
- Poser 1 noisette, passer un peu d'eau sur les bords et refermer en triangle.
- Plonger les raviolis dans un bain de friture bien chaud. Les retirer dès qu'ils sont bien dorés.
- Disposer ces derniers sur du papier absorbant. Saupoudrer de sucre glace.
- Démouler la mousse et servir accompagné de raviolis.

On peut la décorer de fruits rouges, de bonbons ou de chocolat.

Astuce +++

Pour obtenir des raviolis plus diététiques, dorez-les avec 1 jaune d'œuf et glissez-les au four à 210 °C (th. 7) pendant 10 minutes.

Facile
Raisonnable

Dessert glacé meringué

Préparation : 25 minutes
Cuisson : 1 heure
Congélation : 2 heures

Pour 6 personnes
4 blancs d'œufs
8 cuil. à soupe de sucre en poudre
2 cuil. à café de fécule de maïs
1 cuil. à café de vinaigre de vin
75 g de noix concassées
1 l de glace à la vanille
150 g de framboises
90 g de pistaches mondées
125 g de minimarshmallows
20 cl de coulis de fruits rouges.

- Monter les blancs en neige en y ajoutant sur la fin le sucre, petit à petit.
- À l'aide d'une spatule, incorporer à cette préparation la fécule, le vinaigre et les noix.
- Disposer une feuille de papier cuisson sur une plaque pouvant aller au four. Déposer un cercle de grande taille et garnir de meringue. Lisser légèrement le dessus avec une spatule. Cuire 1 heure à 150 °C (th. 5).
- Laisser refroidir la meringue dans le four.
- Sortir la glace pour qu'elle ramollisse. La mettre dans le bol du robot, donner quelques tours.
- Y incorporer alors le reste des ingrédients à l'exception du coulis.
- Redonner quelques tours. Mais, attention, très peu car sinon on va écraser les framboises. On peut aussi réaliser cette étape avec une spatule.
- Répartir la moitié de la glace sur la meringue refroidie. Ne pas retirer le cercle. Lisser et verser le coulis par-dessus.
- Finir de garnir avec le reste de glace, réserver 2 heures au congélateur.
- Penser à le glisser au réfrigérateur 20 minutes avant de le déguster. Le démouler en chauffant le cercle avec une flamme.
- Décorer le dessert avec du coulis et quelques framboises.

Conseil

Faites votre meringue jusqu'à 3 jours à l'avance.

+∾+ Variante

Remplacez la crème glacée par une mousse au chocolat.

Pour une version pour les enfants, mettez toutes sortes de bonbons ou de morceaux de gâteaux.

Très facile
Peu coûteux

Roses des sables améliorées

Préparation : 12 minutes
Cuisson : 2 minutes
Réfrigération : 3 heures

Pour 6 personnes
40 cl de crème fraîche liquide
30 g de sucre glace
4 cuil. à soupe de pâte à tartiner aux noisettes
60 g de pralinoise
100 g de chocolat noir
60 g de corn-flakes
40 g d'amandes effilées
Une pincée de fleur de sel.

- Faire chauffer la crème avec le sucre glace et 2 cuillerées à soupe de pâte à tartiner.
- Fouetter jusqu'à ce que le mélange devienne bien homogène. Réserver pour que la crème refroidisse. Et placer le tout au réfrigérateur.
- Dans une casserole, faire fondre la pralinoise, le reste de pâte à tartiner et le chocolat noir.
- Y incorporer délicatement les corn-flakes, les amandes et la fleur de sel.
- Garnir le fond des cercles à pâtisserie. Tasser légèrement avec le poussoir. Réserver au frais.
- Au bout de 3 heures, monter la crème au chocolat en chantilly avec un fouet électrique.
- Finir de garnir les cercles à l'aide d'une poche à douille. Démouler.
- Servir sur des assiettes placées au congélateur 15 minutes avant.

Astuce
Incorporez des fruits déshydratés (fraise, papaye...) dans vos roses ou encore des framboises fraîches. C'est délicieux !

Sablés exotiques

Facile

Cher

- Peler et ôter le noyau des mangues. Les faire cuire après les avoir coupées en dés avec le sucre à confiture.
- Au bout de 15 minutes à feu doux, mixer la préparation.
- Mettre la gélatine à tremper dans un bol d'eau froide. Ajouter cette dernière égouttée. Mélanger soigneusement puis réserver.
- Fouetter le mascarpone avec la pulpe des fruits de la passion.
- Couper la gousse de vanille en deux dans le sens de la longueur. Retirer les graines avec la pointe du couteau et les ajouter.
- À l'aide d'un des cercles, découper 6 fonds dans la pâte sablée. Les placer sur une plaque couverte d'une feuille de papier sulfurisé. Saupoudrer de sucre vanillé.
- Cuire à 180 °C (th. 6) environ 5 minutes. Ils doivent être colorés mais pas trop, sinon ils seront trop secs.
- Détailler l'ananas en morceaux, les rouler dans la cassonade.
- Cuire à 210 °C (th. 7) environ 10 minutes pour que cela caramélise.
- Dresser les desserts en disposant un sablé au fond de chaque cercle.
- Garnir de crème aux fruits de la passion, lisser. Verser la purée de mangue quand elle est presque prise. Réserver au frais 2 heures.
- Finir les desserts en déposant l'ananas sur le dessus et démouler.

Préparation : 20 minutes
Cuisson : 30 minutes
Réfrigération : 2 heures

Pour 6 personnes

3 mangues
100 g de sucre à confiture
1 feuille de gélatine
500 g de mascarpone
5 fruits de la passion
1 gousse de vanille
1 pâte sablée
1 sachet de sucre vanillé
5 tranches d'ananas
50 g de cassonade.

Conseil

Pour réaliser une pâte sablée maison, travaillez 250 g de farine avec 120 g de beurre, 120 g de sucre glace et 1 œuf entier. Vous pouvez la parfumer selon vos goûts : cannelle, vanille, amande, safran…

Astuce

Utilisez un palet breton pour le fond.

Betteraves mimosa • page 78

Mes moments rien qu'à moi...

Très facile
Peu coûteux

Betteraves mimosa

Préparation : 10 minutes
Cuisson : 10 minutes

Pour 1 personne
2 œufs
2 petites betteraves
1 échalote émincée
2 cuil. à café de vinaigre de cidre
2 cuil. à café d'huile de pépins de raisin
125 g de cottage cheese
2 cuil. à soupe de persil frais
1 cuil. à soupe de mayonnaise
Sel, poivre noir.

- Faire cuire les œufs dans une casserole d'eau bouillante.
- Peler et couper les betteraves en petits dés. Les mettre dans un bol avec l'échalote, le vinaigre, l'huile et le fromage. Assaisonner selon son goût.
- Dresser un cercle à pâtisserie en le garnissant de betterave.
- Écaler et couper les œufs en deux. Ôter le jaune.
- Passer le blanc dans une moulinette, y incorporer le persil. Assaisonner. Répartir le tout dans le cercle.
- Passer le jaune, cette fois, à la moulinette. Assaisonner et le mélanger avec la mayonnaise.
- Dresser le tout sur le cercle.
- Démouler et déguster.

+ Mon accompagnement :
Des tranches de pain d'épeautre ou complet grillées avec quelques feuilles de roquette et un filet d'huile d'olive.

Petite tourte de la mer

Facile
Raisonnable

- Émincer le poireau et le faire cuire à la vapeur jusqu'à ce qu'il soit tendre.
- Passer les fruits de mer sous un filet d'eau pour qu'ils se décongèlent.
- Mélanger la crème avec le poireau, les fruits de mer ainsi que les épices. Assaisonner à son goût.
- Découper 2 disques dans la pâte d'un diamètre supérieur au cercle de pâtisserie.
- Beurrer le cercle et déposer un premier disque au fond en le faisant remonter sur les bords. Il doit dépasser d'environ 1 cm.
- Garnir de la préparation aux fruits de mer.
- Refermer la tourte avec l'autre disque en pressant bien les bords pour les souder.
- Badigeonner le dessus de jaune d'œuf avec un pinceau.
- Cuire à 210 °C (th. 7) environ 20 minutes.

Préparation : 10 minutes
Cuisson : 25 minutes

Pour 1 personne
1 poireau
40 g de cocktail de fruits de mer surgelé
1 cuil. à soupe de crème fraîche épaisse allégée
1/2 cuil. à café de curry
Une pincée de muscade
300 g de pâte brisée
Beurre pour le cercle
1 jaune d'œuf
Sel, poivre noir.

Mon accompagnement :
Une belle salade de jeunes pousses et pour le dessert un yaourt à la vanille que je mélange avec une poignée de fruits rouges.

Il est de ces instants où nous avons tous besoin de nous retrouver, loin du bruit, dans un espace protecteur. Et, dans ces moments-là, je me dirige instinctivement vers ma cuisine.
Je suis à la recherche non pas d'une grande prestation culinaire, mais plutôt d'une satisfaction gustative… Un minimum de temps et d'effort pour aboutir à un résultat à la hauteur de mes envies.
Je pense que vous voyez très bien de quoi je parle !
Ce chapitre reflète tout mon côté impatient, gourmand et, disons-le, un peu égoïste.

Très facile
Raisonnable

Ma salade croquante

Préparation : 10 minutes
Cuisson : 10 minutes

Pour 1 personne
1 blanc de poulet
50 cl de bouillon de légumes
1 cuil. à soupe de jus d'orange
1 cuil. à soupe d'huile d'olive
1 cuil. à café de sauce de soja
1/4 de pomme granny smith
1/4 de carotte
1 petite poignée de pousses de soja
1 poignée de coriandre fraîche
Poivre noir.

- Pocher le poulet dans le bouillon de légumes environ 10 minutes. Le détailler en lamelles.
- Placer ces dernières dans un bol avec le jus d'orange, l'huile, la sauce de soja. Poivrer et remuer.
- Découper la pomme ainsi que la carotte en bâtonnets.
- Garnir joliment un cercle à pâtisserie de forme carrée avec les légumes, les pousses de soja et le poulet.
- Disposer la coriandre sur le dessus. Démouler avec délicatesse.
- Finir en arrosant de vinaigrette à l'orange.

+ Mon accompagnement :

Pour continuer, j'opte pour un moment pur fromage en dégustant des rondelles de fromage de chèvre parsemées de thym frais, de quelques noix et d'un filet de miel et passées sous le gril du four quelques minutes. N'oublions pas bien entendu des tranches de pain grillées.

Sandwich suédois très classe

Très facile
Raisonnable

- Découper le pain avec un cercle à pâtisserie.
- Mélanger les crevettes avec le fromage et un filet de jus de citron vert. Assaisonner légèrement.
- Peler à vif le pamplemousse en ôtant la peau avec un couteau. Prélever les quartiers.
- Monter dans 2 cercles à pâtisserie les sandwichs en commençant par le pain.
- Puis faire des couches de crevettes, de pamplemousse.
- Déposer quelques pistaches, verser un filet d'huile. Assaisonner à nouveau.
- Remettre 1 tranche de pain.

Préparation : 8 minutes

Pour 1 personne
2 pains suédois
40 g de crevettes roses décortiquées
1 cuil. à soupe bombée de ricotta
1 citron vert
1/2 pamplemousse rose
1 cuil. à soupe de pistaches mondées
2 cuil. à café d'huile de pistache
Sel, poivre noir.

Personnellement, je préfère dresser 2 petits sandwichs pour mon repas.

Mon accompagnement :
Des tomates cerise et de la pastèque mélangées avec un filet d'huile d'olive. Pour le dessert, ce sera un smoothie avec 1/2 banane, 1 yaourt de brebis et une poignée de cerises.

Ma salade croquante • page 80

Sandwich suédois très classe • page 81

Facile
Raisonnable

Tartare de bœuf
aux éclats de parmesan

Préparation : 12 minutes

Pour 1 personne
50 g de filet de bœuf cru
1 cuil. à soupe de pignons de pin grillés
2 cuil. à soupe d'huile d'olive + 1 filet
1 citron
2 cuil. à café de câpres
30 g de parmesan
2 brins de basilic frais
Fleur de sel, poivre noir.

- Hacher le bœuf à l'aide d'un couteau bien aiguisé.
- Dans un saladier, mettre les pignons, les cuillerées d'huile, un filet de jus de citron.
- Y incorporer ensuite le bœuf, les câpres ainsi que des copeaux de parmesan et les feuilles de basilic.
- Assaisonner avec de la fleur de sel et du poivre.
- Garnir un cercle à pâtisserie de tartare de bœuf.
- Démouler et décorer de copeaux de parmesan.
- Finir par un filet d'huile d'olive.

Mon accompagnement :

J'adore accompagner ce tartare de frites cuites au four. Pour cela, je rince 2 pommes de terre en conservant la peau. Il suffit ensuite de les couper en grosses frites. Placez-les sur une plaque allant au four. Assaisonnez d'un filet d'huile d'olive à l'ail, de 1/2 cuillerée à café de curry, de fleur de sel et de poivre noir. Enfournez 30 minutes à 220 °C (th. 7-8).

Mes pâtes rien qu'à moi

Facile
Peu coûteux

Préparation : 10 minutes
Cuisson : 16 minutes

Pour 1 personne
50 g de fettuccines
15 g de cantal
3 tomates confites
1 branche d'origan frais
1 cuil. à soupe de persil frais
Sel, poivre noir.

- Faire cuire les fettuccines dans une casserole d'eau bouillante salée. Suivre le temps indiqué sur le paquet pour la cuisson.
- Pendant ce temps, mixer à l'aide d'un petit robot le reste des ingrédients. Assaisonner à son goût.
- Égoutter les pâtes, les remettre dans la casserole.
- Y ajouter la préparation à base de tomate ainsi que le persil haché.
- Mélanger et mettre le tout dans un cercle à pâtisserie de forme carrée.
- Cuire à 210 °C (th. 7) pendant 10 minutes environ.

Mon accompagnement +
Quelques brocolis vapeur parsemés d'amandes effilées dorées et d'un filet d'huile d'olive.
Une jolie salade de fruits de saison constituera un dessert parfait.

Panna cotta sur millefeuilles de fruits

Facile
Cher

- Mettre dans un bol d'eau froide la demi-feuille de gélatine.
- Faire chauffer le lait pour y ajouter la gélatine pressée entre les mains. Mélanger soigneusement.
- Incorporer le sirop et le yaourt. Répartir dans 2 moules rectangulaires en silicone. Réserver au frais pendant 2 heures.
- Peler les fruits. Puis les détailler en fines tranches. Mettre ces dernières dans un plat avec le jus de citron et la vanille.
- Rincer la menthe, l'essuyer. Fouetter le blanc d'œuf, y plonger les feuilles de menthe. Saupoudrer de sucre et réserver au frais.
- Monter le dessert juste avant de le déguster.
- Mettre chaque gaufrette au fond d'un cercle à pâtisserie de forme rectangulaire.
- Monter le millefeuille en alternant la mangue et le kiwi. Démouler et disposer une panna cotta sur chacun. Arroser d'un peu de marinade des fruits.
- Décorer d'une feuille de menthe cristallisée.

Préparation : 18 minutes
Cuisson : 1 minute
Réfrigération : 2 heures

Pour 1 personne
1/2 feuille de gélatine
2 cuil. à soupe de lait entier
2 cuil. à café de sirop d'agave
1 yaourt au lait de chèvre
1/2 mangue
1 kiwi
1 cuil. à café de jus de citron vert
Une pincée d'extrait de vanille en poudre
2 feuilles de menthe fraîche
1 blanc d'œuf
1 cuil. à café de sucre en poudre
2 gaufrettes à la framboise.

Facile
Raisonnable

Pain d'épice aux clémentines et aux marrons glacés

Préparation : 12 minutes
Congélation : 20 minutes

Pour 1 personne
30 cl de jus de clémentine
250 g de mascarpone
1 blanc d'œuf
2 tranches de pain d'épice
50 g de marrons glacés.

- Confectionner un sorbet en mélangeant le jus de clémentine avec le mascarpone. Passer le tout en sorbetière pendant 20 minutes.
- Cinq minutes avant la fin, ajouter le blanc d'œuf battu, que l'on aura rendu mousseux.
- Placer le pain d'épice dans du film alimentaire. L'écraser avec un rouleau à pâtisserie pour que les tranches deviennent plus fines. Les faire dorer en utilisant un grille-pain.
- Détailler ces tranches à la taille des cercles à pâtisserie à l'aide d'un couteau.
- Concasser les marrons.
- Garnir un cercle en mettant au fond du pain d'épice. Continuer par une couche de sorbet à la clémentine.
- Parsemer de brisures de marrons.
- Renouveler les étapes pour finir de remplir.

+ Mon accompagnement

Frottez des tranches de pain grillées avec de l'ail. Déposez dessus des tomates coupées en dés, du basilic et quelques tranches de rôti de bœuf. N'oubliez pas une bonne poignée de pousses de betterave.

Choco-impro

Très facile
Peu coûteux

Préparation : 12 minutes
Cuisson : 2 minutes
Congélation : 3 heures

Pour 1 personne
50 g de chocolat noir
2 cuil. à soupe de cassonade
2 cookies au chocolat
10 g de beurre en pommade
2 cuil. à soupe de glace au chocolat blanc
1 pot de mousse au chocolat au lait.

- Faire fondre le chocolat, le laisser tiédir.
- Recouvrir une plaque pour le four à l'envers avec du film alimentaire.
- Incorporer la cassonade au chocolat. Puis verser le tout et l'étaler sur le dos de la plaque. Réserver au frais 30 minutes pour que cela durcisse.
- Mixer les cookies avec le beurre.
- Garnir le fond d'un cercle à pâtisserie de forme carrée. Continuer en mettant la glace. Bien tasser avec le poussoir.
- Finir par une couche de mousse au chocolat.
- Réserver le tout au congélateur 3 heures.
- Au moment de déguster, démouler en passant une flamme sur le tour.
- Casser le chocolat pour obtenir de grands éclats. Les disposer sur le dessert le plus joliment possible.

Mon accompagnement +

Pour ces instants où l'on aimerait retrouver son enfance, je découpe un filet de poisson en bâtonnets. Je les roule dans la farine puis dans l'œuf battu. Dernière étape, je mélange de la polenta avec du paprika et un peu de sel. Je finis par les rouler dans ce mélange. Je les cuis à 240 °C (th. 8) environ 12 minutes.
Une salade et une petite sauce (mayonnaise, moutarde et miel) pour un moment de dégustation avec les doigts.

Table des matières

Dépôt légal 2e trim. 2010 n° 3 703 – Imprimé en U.E.

fait
maison